VICTOR DE CESSOLE

LA PAROI OCCIDENTALE

DE

L'ARGENTERA

PREMIÈRES ASCENSIONS

NICE
IMPRIMERIE V. EUG. GAUTHIER & Cᵒ
27, Avenue de la Gare, 27
1903

LA

PAROI OCCIDENTALE DE L'ARGENTERA

Extrait du 23me Bulletin de la Section des Alpes Maritimes du Club Alpin Français.

VICTOR DE CESSOLE

LA PAROI OCCIDENTALE

DE

L'ARGENTERA

PREMIÈRES ASCENSIONS

NICE

IMPRIMERIE V.-EUG. GAUTHIER & Cᵒ

27, Avenue de la Gare, 27

1903

L A

PAROI OCCIDENTALE DE L'ARGENTERA

───

PREMIÈRES ASCENSIONS

───

C'est encore sur l'Argentera que je viens attirer l'attention des alpinistes. Je croyais ce sujet épuisé (1) : de nouvelles courses accomplies récemment m'ont pourtant démontré que tout n'était pas dit sur cette intéressante montagne.

Pendant l'été 1901, j'avais réussi, en partant des Thermes de Valdieri, diverses ascensions dans les massifs environnants.

Je clôturai mes deux campagnes alpines le 19 septembre, après avoir entièrement exploré les trois cimes de la curieuse arête de la Madre di Dio (2). Du sommet de ces pics m'étaient

─────

(1) Voir ma précédente relation : *Souvenirs d'ascensions à la Pointe de l'Argentera*. Nice, 1901, in-8º de 29 p. (Extrait du *Bulletin de la Section des Alpes Maritimes du Club Alpin Français*, nº 21, 1900). Ce compte rendu comprend notamment le récit de la première ascension de la Cime Sud de l'Argentera par la paroi Ouest.

(2) Voir *Rivista mensile del Club Alpino Italiano*, vol. XXI, nº 3, mars 1902, p. 98, 99, et le *Bulletin de la Section des Alpes Maritimes du Club Alpin Français*, nº 22, 1901, p. 180, 181. — La

apparus de très près de merveilleux aperçus sur la grandiose paroi occidentale de l'Argentera, que j'avais précédemment maintes fois observée du Giegn, du Caire du Préfouns, des Tablasses et des Bresses (1).

Cette vertigineuse muraille offrait à mes yeux de remarquables escarpements se développant sous les cimes Sud et Nord de l'Argentera et sous la Pointe du Gelas de Lourousa (2). Malgré l'excessive raideur de la pente rocheuse, il me semblait possible d'effectuer d'utiles reconnaissances dans ces parages, en me rendant en même temps un compte exact de la route d'ascension à la Cime Nord suivie en 1894 par les frères Günther.

Mais une récente neigée parut rendre ces entreprises aussi difficiles que dangereuses, surtout que les journées n'étaient peut-être plus, au dire de mes guides, assez longues pour permettre des grimpées de ce genre. Leur avis prévalut et je renvoyais à la saison suivante l'exécution de ce projet.

Le vallon de la Vallette, l'un des principaux affluents du

question de la dénomination de ces sommets est traitée par M. L. P. Paganini dans la note intitulée : *Per la nomenclatura della Serra dell'Argentera (Rivista mensile del Club Alpino Italiano*, vol. XXI, n° 9, septembre 1902, p. 305-307).

(1) Voir mon article : *Ascensions autour du lac Noir (Alpes Maritimes)*. Paris, Renouard, 1901, in-8° de 46 p. (Extrait de l'*Annuaire du Club Alpin Français*. 1900). — C'est de la Cime Nord des Bresses (2 838 mèt., P.), au-dessus du Collet Valasco, que la vue sur le versant Ouest de l'Argentera se présente le plus avantageusement.

(2) Au cours de la présente notice se trouvent employées plusieurs appellations nouvelles : Collet Coolidge, Pointe du Gelas de Lourousa, Collet Günther, Collet Freshfield..... qui avec quelques autres ont fait l'objet d'une nomenclature spéciale dans la note : *Nell'Alta Valle del Gesso, appunti di nomenclatura*, que j'ai publiée dans la *Rivista mensile del Club Alpino Italiano*, vol. XXII, n° 4, avril 1903, p. 120 et suivantes. Ces différents noms figurent également sur l'esquisse cartographique du massif de l'Argentera, dessinée par M. C. Lee Brossé d'après la carte Paganini, qui accompagne le travail ci-dessus indiqué.

Gesso, auquel il se mêle près des Thermes de Valdieri,
compte parmi ses tributaires le vallon de l'Argentera. Celui-
ci prend sa source dans les flancs occidentaux de l'Argentera
et ses eaux distribuées en plusieurs filets viennent de divers
côtés se réunir en amont du Gias de l'Argentera, d'où la
nappe se précipite dans le vallon de la Vallette, non loin du
Gias delle Mosche, sur une distance d'un peu moins de deux
kilomètres.

Lorsqu'on parcourt le vallon de la Vallette rien ne laisse
deviner l'existence de la haute combe de l'Argentera. Les
pentes du versant de la rive droite de la Vallette sont revê-
tues de sombres forêts que la hache du bûcheron est en train
d'éclaircir ; un chemin qu'il faut chercher un peu dans la
broussaille donne accès à travers bois sur la première ter-
rasse du vallon de l'Argentera, qui constitue la partie pasto-
rale de cette zone alpestre. Par dessus les arbres, on peut
voir par un ciel clair pointer les cimes altières du Gelas de
Lourousa, de l'Argentera et de la Madre di Dio. Cette bande
de rochers, éparpillée au faîte de la forêt, apparaît comme
suspendue dans les airs ; il semble que la sérénité majes-
tueuse des hauteurs s'allie ainsi à la grâce souriante des
verdoyantes frondaisons.

Le haut val de l'Argentera forme un véritable cirque aux
formidables escarpements. Un chemin de chasse, aujourd'hui
abandonné, permet d'accéder facilement dans les régions
élevées de cette magnifique enceinte rocheuse.

Lorsqu'on arrive au Gias del Saut (1 880 mètres environ)
et à celui de l'Argentera (1 990 mètres environ), on est tout
saisi par le spectacle réellement fantastique qui s'impose au
regard. A droite, c'est-à-dire vers le Sud, le vallon est fermé
par le puissant chaînon de la Madre di Dio, dont les surpre-
nants à-pics, déchirés de minuscules couloirs neigeux, lais-
sent rêveur l'alpiniste le plus hardi : ses cimes crénelées,
cotées 2 802, 2 868 et 2 915 mètres sur la carte Paganini,
se dressent abruptes et tranchantes dans un ordre régulier

en se soudant au delà du point 2 860 (près du Collet Freshfield) à l'arête méridionale de la Cime Sud de l'Argentera,
laquelle est marquée sur la même carte par les cotes 3 020,
3 191 et 3 257 mètres.

A gauche, se développe, depuis la Cime 2 616 mèt., P.,
le chaînon qui, par la Pointe Plent (2 747 mèt., P.) et le
Corno Stella (3 053 mèt., P.), rejoint la Pointe du Gelas de
Lourousa.

La paroi occidentale de l'Argentera se trouve de la sorte
circonscrite du Sud au Nord entre les arêtes de la Madre di
Dio et du Corno Stella sur une longueur approximative de
1 500 mètres, tandis que ses murailles, d'une hauteur
moyenne d'environ 800 mètres, plongent verticalement sur
les dernières terrasses du vallon de l'Argentera. Sa pente
moyenne peut être évaluée à 45° depuis la cote 2 470 mèt.,
P., jusqu'à 2 600 mètres environ et à 55° au-dessus de ce
second point. Ce splendide versant, dont les gigantesques
proportions doivent être considérées comme uniques dans
les Alpes Maritimes, enserre la combe de l'Argentera d'une
admirable façon.

Par huit fois j'ai visité et parcouru ce cirque sauvage et
désolé, et c'est toujours avec un plaisir renouvelé que j'ai
admiré ce petit coin de Dauphiné perdu dans nos Alpes.

J'oserai presque affirmer que la face Ouest de l'Argentera,
creusée de couloirs et décorée de roches en reliefs, est bien
celle qui mérite le mieux par son étrange structure d'être
observée et escaladée. De la vallée même on peut la considérer
avec un vif intérêt, bien qu'on se trouve en bas en quelque
sorte écrasé par la hauteur de ses énormes bastions : j'estime
que pour la détailler favorablement il faut, non seulement se
déplacer sur plusieurs points de la combe, mais aussi se
porter sur l'une des cimes de la Madre di Dio, et, mieux
encore, ainsi que je l'exposerai à la fin de cet article, sur la
Cime 2 616 ou la Pointe Plent, d'où le regard scrute avantageusement les parties sinueuses et saillantes de ces roches

escarpées. Les cimes du groupe du Giègn et spécialement
les Tablasses et les Bresses fournissent une vue d'ensemble
très appréciable, quoiqu'un peu lointaine.

Par sa situation spéciale en dehors des sentiers battus, le
vallon de l'Argentera est demeuré, jusqu'à présent, sinon
ignoré, du moins à l'abri de la foule moutonnière, parce que
ses voies de communication avec les vallées voisines par les
audacieux collets de la Madre di Dio, Freshfield et Günther et la Brèche de l'Argentera ne rentrent pas dans la
catégorie des passages facilement abordables, comme il sera
dit plus loin à propos de ces deux derniers cols. En dehors
des bergers qui font au cœur de l'été une courte station au
Gias de l'Argentera, les touristes ont rarement visité le
vallon de ce nom.

Après la tentative d'ascension à l'Argentera par M. Isaïa,
demeurée infructueuse, en 1871, le point culminant des
Alpes Maritimes attendait encore son vainqueur. M. Douglas
W. Freshfield crut être sur la bonne voie en attaquant par
l'Ouest la montagne, dont il ignorait sans doute la position
exacte : ayant parcouru le vallon de l'Argentera, il remonta,
le 27 septembre 1878, le rapide couloir séparant l'arête de la
Madre di Dio de la paroi Ouest de l'Argentera, puis, après
avoir traversé un petit col (1), il redescendit dans le haut
vallon de Nasta pour escalader la Cime de Nasta (première
ascension), d'où il s'aperçut qu'il n'était pas sur la cime la
plus élevée du massif.

L'année suivante, le Rév. W. A. B. Coolidge eut l'honneur
de gravir le premier l'Argentera par le couloir de Lourousa
et l'arête Nord.

Le vallon de l'Argentera fut visité une seconde fois, le 14
août 1882, par MM. Dellepiane et Ugo Ponta, qui, s'étant
élevés jusqu'auprès de la cote 2 590 mèt., P., durent revenir

(1) C'est le passage qui vient de recevoir le nom de Collet
Freshfield.

ensuite dans là vallée pour reprendre, jusqu'à un certain point, la route Freshfield (1). L'excursion, nouvellement abandonnée de ce côté à cause des dangers qu'elle présentait, eut plus tard un résultat complet par le versant Sud-Est.

La paroi occidentale de l'Argentera fut réellement escaladée pour la première fois, le 18 août 1894, par les frères Günther, qui, du vallon de l'Argentera arrivèrent presque directement au Collet Günther (3 190 mèt. env.) et, de ce point, à la Cime Nord de l'Argentera. Une voie était ainsi pratiquée sur ce flanc de la montagne.

Un autre parcours devait être découvert, le 29 juillet 1898, par M. Maubert et moi, qui montions en ligne droite du vallon de l'Argentera au sommet même de la Cime Sud (2). Cette route demeurera sinon la plus ardue, du moins la plus importante de la paroi Ouest, parce qu'elle donne accès au point dominant du massif.

Aucune caravane n'avait plus essayé de courses, en prenant le vallon de l'Argentera comme point de départ, jusqu'à ces années dernières où j'eus l'occasion de m'y rendre à diverses reprises.

Le 17 septembre 1901, après avoir gravi par le côté Sud les pointes 2 915 et 2 868 mèt., P., de l'arête de la Madre di Dio, je rentrais aux Thermes de Valdieri par le vallon de l'Argentera en descendant par le Collet de la Madre di Dio et le couloir qui séparent, au Nord, la Madre di Dio (2 802 mèt., P.) de la Cime 2 868 mèt., P.

Le surlendemain, je suivais le même itinéraire à la montée jusqu'au Collet de la Madre di Dio pour escalader ensuite par la face Nord la pointe orientale de la Madre di Dio, puis la Madre di Dio elle-même.

Le 10 juillet 1902, MM. le Dr Amy et L. Maubert, partis de

(1) *Guida alla Serra dell'Argentera*, de F. Mondini. Torino, 1898, p. 66.
(2) Voir le compte rendu de cette escalade cité en tête de cet article.

la Ciriegia avec les guides J.-B. et J. Plent, avaient franchi le Col de Ghilié ; parvenus dans le haut vallon de Nasta, ils étaient montés par le versant Sud au Collet Freshfield, d'où ils avaient suivi le flanc Nord du contrefort méridional de l'Argentera jusqu'à un point peu éloigné et au-dessous de la cote 3 020.

Le 29 juillet suivant, M. L. Maubert reprit avec Jean Plent la même voie et parcourut la combe ayant son origine entre les cotes 3 020 et 3 191 ; puis, il s'éleva jusqu'à environ 60 ou 80 mètres au Sud-Ouest et au-dessous du point coté 3 257 ? Il dut, faute de temps, arrêter son exploration en cet endroit. Cette escalade nécessita une heure et demie à partir du Collet Freshfield.

Le 31 juillet, au retour d'une ascension à la Cime de Nasta, je me rendais par occasion au Collet Freshfield et je parcourais en descente, ce qui offrit une certaine difficulté à cause de la dureté de la neige, le rapide couloir par lequel j'étais amené dans le vallon de l'Argentera et aux Thermes de Valdieri. Cette route, de la Cime de Nasta aux Thermes, était la même que celle de M. Freshfield suivie en sens inverse.

J'arrive maintenant aux trois nouvelles escalades par la paroi Ouest, qui feront le sujet de la présente relation : l'ascension de la Cime Nord de l'Argentera avec descente par le couloir partant du Collet Günther (4 août), la traversée de la Brèche de l'Argentera (18 septembre) et l'ascension de la Pointe du Gelas de Lourousa (19 septembre).

Je n'ai donc pas poursuivi l'exploration de la partie de la paroi dépendant de la Cime Sud de l'Argentera, et c'est avec intention que, contrairement à l'idée projetée lors de mes escalades aux cimes de la Madre di Dio, j'ai voulu laisser cette fois-ci en dehors de mon programme de reconnaissances.

CIME NORD DE L'ARGENTERA (3 288 mèt., P.)

La voie d'ascension des frères Günther rentrait dans mes projets et c'est pour l'examiner minutieusement sur place, suivant les indications fournies par le guide Bartolomeo Piacenza, dit le Chat, que je quittais les Thermes de Valdieri, le 4 août 1902, à 3 heures du matin, avec le guide Jean Plent et le porteur André Ghigo.

Très rapidement nous parcourions le vallon de la Vallette, puis celui de l'Argentera, jusqu'au Gias de même nom, d'où nous commencions à remarquer et à étudier la route à prendre. Un sentier de chasse, tracé au milieu de pâturages pierreux et d'amas d'éboulis, nous porta aisément au pied de la muraille du Corno Stella, après vingt-cinq minutes de haltes. En cet endroit désert, nous rencontrions une troupe de moutons rachitiques, qui s'empressèrent autour de nous comme de véritables affamés : c'était sans doute le sel qu'ils demandaient et nous ne pûmes le leur donner. Plus haut, dans les barres du Corno Stella, se produisaient en même temps des bruits effroyables de chutes de pierres : nous apercevions, sur des bandes de gazon, un grand nombre de chamois qui n'avaient pas l'air de se déranger beaucoup à notre approche, se sentant en sûreté sur ces terrasses aériennes.

Le sentier de chasse finit au poste du Roi, dont il ne reste plus que la trace.

Nous continuions notre marche à la base de la paroi Ouest de la Pointe du Gelas de Lourousa et de la Cime Nord de l'Argentera et nous nous dirigions vers la dernière cascade d'eau provenant des névés supérieurs. Arrivés, à 6 h. 55 min., à environ 2 610 mètres d'altitude, nous éprouvions un impérieux besoin de nous restaurer.

Bien que nous fussions au commencement du mois d'août,

il avait dû geler ferme la nuit précédente, car le verglas recouvrait tous les rochers des alentours et le froid se faisait encore rudement sentir à cette heure matinale. Volontiers nous nous serions un instant réchauffés au splendide soleil dont les rayons embrasaient depuis près de trois heures les massifs d'en face. Mais, hélas ! l'orientation de notre paroi nous obligera pour longtemps à grimper à l'ombre. En attendant nous apaisions un appétit aiguisé par près de quatre heures de marche.

A 7 h. 40 min. nous mettions hâtivement fin à ce déjeuner et nous nous dépêchions de partir pour secouer nos membres engourdis par la fraîche température des hauteurs. Du point où nous nous trouvions nous pouvions aussi bien prendre le couloir descendant du Collet Günther, que celui provenant de de la Brèche de l'Argentera. Celui-ci devait attirer nos préférences.

En quinze minutes nous remontions une belle pente de neige dure et en suivant sur une courte distance le rebord de la rimaye nous joignions l'entrée du grand couloir qui sert en quelque sorte de ligne divisoire entre les cimes Sud et Nord de l'Argentera depuis la Brèche jusqu'à notre point d'arrivée (2 650 mèt. environ). Le couloir s'élève très resserré entre deux murailles escarpées, dont celle de gauche est presque surplombante.

Nous en commencions l'escalade sur le bord de droite, à l'aide d'un banc de roches granitiques ; mais bientôt nous nous heurtions à une barre lisse qui nous obligeait à zigzaguer dans la neige, dont le couloir était entièrement comblé. Jean donnait du piolet à tour de bras et c'est ainsi, bien péniblement, que nous gagnions environ 70 mètres sur une pente fortement déclive. A mi-hauteur, la surface neigeuse présentait une bosse marquant un notable accident de terrain. Telle était la petite difficulté que le guide Piacenza m'avait signalée comme existant à la sortie du couloir.

Tout au-dessus de nous, celui-ci apparaissait plus large avec plusieurs rainures par lesquelles s'égouttaient les eaux du vaste névé central. Là nous quittions définitivement la neige du couloir pour attaquer les rochers de la rive droite : un peu d'attention pour franchir la rimaye et un léger effort pour escalader le petit aplomb qui la surmonte et nous voilà rendus à bon port.

Nous n'avions plus qu'à gravir des pentes évidemment très inclinées de terrains pierreux et herbeux, mais qui n'étaient qu'un jeu à côté de la traversée que nous venions d'effectuer. A mesure que nous nous éloignions du couloir lui-même, nous pouvions mieux observer la formidable barre rocheuse qui borde son côté gauche et se développe en servant de contrefort extrême à la Cime Sud de l'Argentera.

En un quart d'heure nous nous hissions sur une arête qui nous permit d'apercevoir le grand névé central ainsi que la partie supérieure du couloir aboutissant à la Brèche de l'Argentera. Ce couloir se prolonge tout en haut, très étroit, telle une rigole de glace presque perpendiculaire. Cette vue fut particulièrement impressionnante, comme aussi la barre abrupte formant la base de la Cime Nord de l'Argentera. A notre droite, au travers des rochers appartenant à la paroi de la Cime Sud, pointaient étrangement les cimes de la Madre di Dio, et à notre gauche, le saisissant Corno Stella fixait longtemps notre regard.

Sur le parcours effectué, c'est-à-dire entre 2 700 et 3 000 mètres, j'ai soigneusement cueilli quelques-unes des plantes qui se trouvaient alors en fleurs (1) :

Erigeron alpinus L.
Ligusticum simplex All.

(1) Je remercie très sincèrement M. le capitaine Oliviero Boggiani, botaniste distingué, qui en villégiature aux Thermes de Valdieri au moment où j'y étais de passage, a bien voulu déterminer mes récoltes de plantes et me communiquer les nomenclatures figurant dans ce récit d'ascension.

Eritrichium nanum Schrad. Cette espèce, considérée comme très rare, est par contre commune sur les roches gneissiques les plus élevées de toutes les Alpes Maritimes.

Oxyria digyna Campd.

Pyrethrum alpinum Willd. var. *pubescens* D. C. Variété assez rare et spéciale au massif central des Alpes Maritimes.

Senecio incanus L.

Silene acaulis L.

Thlaspi rotundifolium, Gaud., var. *limosellaefolium*, Reuter. Cette variété, fréquente sur les parties les plus élevées du groupe de l'Argentera, est limitée au massif gneissique et granitique des Alpes Maritimes, où elle se trouve souvent au-dessus de 2 400 mèt.

Viola nummularifolia Villars. Espèce particulière au massif central des Alpes Maritimes.

Sans difficultés spéciales nous continuions l'ascension en nous portant à gauche du grand névé et à 9 h. 45 min. nous parvenions à peu près à sa hauteur, vers 3 000 mètres. La carte Paganini signale d'une façon très précise la situation de ce névé avec la cote 2 997 mètres.

Telle est la voie suivie jusqu'alors par les frères Günther avec le guide Bartolomeo Piacenza. Arrivés à cet endroit, au-dessous d'une paroi surplombante qui barrait la route (1), nous nous demandions si nous descendrions un peu, pour côtoyer la montagne vers le Nord et atteindre le couloir pratiqué dans sa partie supérieure par les Günther.

Abandonnant cette route à notre gauche et le couloir de la Brèche de l'Argentera à notre droite, nous contournions le névé et allions attaquer la fameuse paroi pour escalader directement la Cime Nord. Cette tentative n'était rien moins qu'engageante et le résultat n'apparaissait guère certain étant donné le haut escarpement qu'il faudrait surmonter. Nous ne pensions donc nous livrer qu'à un essai : comme la journée était rayonnante et l'heure pas trop avancée, nous avions

---

(1) V. *Guida alla Serra dell'Argentera*, par F. Mondini, p. 102.

largement le temps, en cas d'insuccès, pour rétrograder et prendre le couloir Günther.

Nous ne tardions pas à nous rendre auprès de la bande de quartz qui sillonne toute la paroi dans sa hauteur. Le site était merveilleux de grandiose et nous ne pouvions nous empêcher de faire une petite halte de dix minutes pour observer à nouveau le Corno Stella, de plus en plus admirable avec son effrayante muraille.

Puis nous grimpions dans un ravin vertigineux situé entre le couloir Günther et le grand névé. Les roches de gneiss et de micaschistes striées dans le sens de la hauteur, offraient d'excellentes aspérités.

Quelques instants après, nous jugions que de véritables difficultés allaient probablement modérer notre marche ascensionnelle et, en raison de cela, nous nous arrêtions à 10 h. 5 min. dans un endroit favorable, pour nous réconforter d'une tasse de café. Nous perchions à environ 3 070 mètres (bar. 521 millim.), exactement à la base de la muraille. La voix du berger du Gias de l'Argentera montait de la vallée jusqu'à nous et il était intéressant d'en remarquer la netteté par le temps calme et serein dont nous jouissions.

Le brave Jean prenait déjà les devants pour opérer une reconnaissance sommaire dans les rochers qui nous dominaient. A 10 h. 20 min. nous reprenions l'escalade qui se poursuivait dans les meilleures conditions : nous rejoignions la bande de quartz, que nous n'avions fait que traverser au bas de la muraille et dont nous nous étions légèrement écartés depuis lors.

Les rochers étaient rugueux, tandis qu'à distance nous les avions crus lisses. Après un quart d'heure de grimpée dans un sens oblique nous arrivions tout au-dessus du grand névé, qui se déployait à nos pieds comme un éventail. Le baromètre marquait 518 millim. 2, c'est-à-dire environ 3 110 mètres. Notre position était telle que d'un seul saut on aurait atteint la pente du névé pour rebondir aussitôt dans la gueule du couloir d'où nous venions. Chacun de nous se cramponnait de son mieux aux saillies de la montagne.

L'ascension devenait de plus en plus raide, jusqu'à ce que nous rencontrions un surplomb formant une cheminée franchement scabreuse. Aucun autre passage ne s'ouvrait devant nous. D'après les indications du baromètre nous ne devions plus être très éloignés du sommet. Cette constatation nous enhardit à tenter cette difficulté, que nous espérions être la dernière. La corde n'avait pas été employée jusqu'en cet endroit, mais là, j'eus raison d'exiger qu'il en fut autrement. Comme j'en avais une quarantaine de mètres, cette longueur devait amplement suffire aux besoins de la circonstance. Le déploiement ne se fit pas sans peine, en raison du poste malaisé que nous occupions tous trois.

Jean resta en tête de la caravane et sans hésitation s'engagea dans la cheminée, tandis que Ghigo et moi attendions impatiemment le résultat de ses efforts. A le voir tâter le rocher avec une peine que j'avais rarement remarquée ailleurs dans ses mouvements, nous jugions d'une façon certaine que le passage devait être inquiétant. Mon guide escalada ainsi une quinzaine de mètres, au haut desquels il put s'arrêter tant bien que mal sur un rebord rocheux. Il ne crut pas devoir poursuivre au delà, dans la crainte que, disparaissant à nos yeux, il ne put plus ensuite nous offrir une aide efficace.

Mon tour vint alors et par moi-même je vis ce que valait l'endroit, où les prises étaient presque nulles : par deux fois je lâchais malgré moi des pieds et des mains, mais cela n'offrait pas d'inconvénient sérieux, assuré que j'étais à la corde. Rendu auprès de Jean après ce coup de gymnastique aérienne, je me rendis compte de la situation quelque peu critique dans laquelle il opérait. Pour me poster en sûreté, ne trouvant pas de place autre que celle où était Jean, je dus m'adosser à lui, au risque de gêner la manœuvre suivante.

La corde nous amena successivement les sacs et les piolets.

Ghigo monta à son tour, mais tout bon grimpeur qu'il est, il éprouva des difficultés. Tandis qu'il peinait dans l'escalade, nous l'entendions murmurer dans la langue provençale qui lui est familière : « Aqueu mouostre, mai couma a fa ? Ce monstre-là, mais, comment s'y est-il pris ? » Cet éloge à l'adresse de Jean, au moment pathétique de l'ascension, m'avait plu dans sa forme naive et Ghigo, parvenu à bon port, le répéta ensuite à son compagnon avec une expression non moins laudative.

Nous avions hâte de quitter ce poste peu commode et tout doucement nous gagnions les rochers supérieurs, qui devinrent plus aisés à parcourir.

La végétation n'était pas extrêmement abondante dans ces roches escarpées et malgré l'attention qu'exigeait cette grimpade ardue, je m'étais livré entre 3 000 et 3 250 mètres à une nouvelle cueillette de plantes :

Artemisia spicata Wulf.
Cardamine resedifolia L.
Erigeron alpinus L.
Eritrichium nanum Schrad.
Phytheuma pauciflorum L.
Pyrethrum alpinum Willd, var. *pubescens* D. C.
Ranunculus glacialis L. Je n'ai récolté qu'un seul petit exemplaire de cette plante rarissime.
Rhododendron ferrugineum L. Plusieurs plantes étaient en fleurs vers 3 200 mètres ; le fait rare d'une station de si grande altitude mérite d'être particulièrement signalé. Quelques jours auparavant, le 31 juillet, j'avais récolté des rhododendrons fleuris à 2 800 mètres environ sur la paroi méridionale de la Cime de Nasta.
Saxifraga bryoides L.
Saxifraga retusa Gouan. Très rare.
Silene acaulis L.

Cette nomenclature pourra donner une certaine idée de la flore des hauts escarpements occidentaux de l'Argentera et former en quelque sorte le pendant de celle concernant la paroi orientale. J'avais en effet déjà récolté le 16 juillet 1894 sur le versant Est de l'Argentera, le long du couloir Sud-Est de la Cime Sud, la collection des plantes qui s'y trouvaient à une altitude variant de 3 100 à 3 290 mètres. Cette liste figure dans une publication particulière sur l'Argentera (1).

J'ai la bonne fortune de compléter les nomenclatures précédentes par celle également très intéressante que M. Boggiani a eu l'amabilité de me transmettre ; les plantes suivantes ont été récoltées par lui-même, le 22 août 1902, à une altitude supérieure à 3 000 mètres, lors d'une ascension par le couloir Sud-Est à la Cime Sud avec traversée à la Cime Nord :

Achillea Herba-Rota All. Sur la paroi en face de la Nasta à 3 100 mètres. Très rare.

Artemisia spicata Wulf. Commune au-dessus de 3 100 mètres et jusqu'à peu de mètres de la Cime Sud de l'Argentera.

Aster alpinus L. Sur la paroi Est de la Cime Sud à 3 200 mètres. Rarissime.

Erigeron alpinus L. Sur la Cime Nord.

Eritrichium nanum Schrad. Splendides exemplaires sur les roches de l'Argentera depuis 3 000 mètres jusqu'aux deux cimes.

Gentiana macrophylla Bertol. Seule espèce des grandes gentianes dans la zone du Gesso ; recueillie jusqu'auprès de la pyramide terminale de l'Argentera.

Gentiana verna L.

Linaria alpina Mill. Sur la paroi Est de la Cime Sud à 3 100 mètres. Rarissime et non recueillie ailleurs dans les Alpes Maritimes.

Lotus corniculatus L. Sur la paroi Est de la Cime Sud vers 3 200 mètres, où cette plante est très rare.

Phytheuma pauciflorum L. Variété à fleur blanche. Dans une fissure rocheuse, sous la Cime Nord, versant de la Ruine, à 3 280 mètres ; excessivement rare et jamais observé ailleurs.

(1) V. *l'Argentera et ses ascensionnistes,* par M. Gilly *(Bulletin de la Section des Alpes Maritimes du Club Alpin Français,* n° 16, 1895, p. 89).

Oxyria digyna Campd. Commune sur l'arête de l'Argentera jusqu'à 3 200 mètres.

Phytheuma pauciflorum L. Assez commun jusqu'auprès des deux cimes.

Saxifraga Aizoon Jacq. Dans le couloir Sud-Est de la Cime Sud vers 3 200 mètres. Très rare dans la zone alpine élevée.

Saxifraga exarata Vill. Sur la Cime Nord à 3 280 mètres.

Sempervivum arachnoideum L. Dans la paroi Est de la Cime Sud à environ 3 200 mètres. S'y trouve très rare.

Senecio incanus L. Dans la paroi Est de la Cime Sud jusqu'à 3 200 mètres.

Silene acaulis L. Magnifiques exemplaires dans les rochers de la Cime Sud vers 3 100 mètres.

Thlaspi rotundifolium Gaud., var. *limosellaefolium*, Reuter.

Viola nummularifolia Villars. Sur les hauts escarpements de l'Argentera jusqu'à environ 3 200 mètres.

Déjà nous apercevions l'arête sommitale. Nous continuions à longer le filon de quartz que nous avions toujours suivi depuis la base de la muraille. Cette ligne blanche qui, nettement dessinée sur le roc, est parfaitement visible de la vallée, me rappelait, je ne sais pourquoi, qu'un alpiniste avait un jour conçu l'idée bizarre de marquer au minium la route pratiquée sur un terrible escarpement. Je pensais à ce propos que la nature s'était chargée d'exécuter pareille fantaisie en cet endroit de l'Argentera, en traçant elle-même d'une façon indélébile notre voie d'ascension.

Un peu au-dessous de l'arête, les roches gneissiques étaient complètement ruinées : sans cet accident de terrain, nous aurions atteint directement le cairn. Mais, par raison de sûreté, nous dûmes rejoindre la crête à une vingtaine de mètres au Nord de la pyramide, tandis que je recueillais encore les plantes suivantes :

Eritrichium nanum Schrad.

Pyrethrum alpinum Willd. var. *pubescens* D. C.

Saxifraga exarata Vill. Assez fréquente dans les rochers des zones alpine et neigeuse.

Suivant, enfin, la ligne dorsale, nous touchions, à 12 h. 20 min., la **Cime Nord de l'Argentera** (3 288 mèt., P.) (bar. 511 millim. 9).

Les 200 mètres de la paroi entre le grand névé et la Cime Nord nous demandèrent plus de deux heures.

Nous avions bien gagné le repos que nous prenions au sommet, où nous demeurâmes longtemps en contemplation d'un panorama superbe. Mais, le temps, qui nous avait si complètement favorisés à tous les points de vue durant l'ascension, ne tarda pas à se gâter vers l'Est dans l'après-midi. La vallée de la Ruine était envahie par le brouillard, tandis que celle de la Vallette et toutes les régions à l'Ouest restaient absolument à l'abri de ce malencontreux visiteur. Vers 2 heures nous songions au départ : le baromètre était tombé à 508 millim. 5.

Au lieu de descendre par la voie habituelle du Col du Chiapous, nous eûmes l'idée, pour profiter du beau temps, de revenir dans le vallon de l'Argentera par le couloir du Collet Günther. En moins de vingt minutes nous étions rendus au *Collet Günther* (3 190 mèt. environ) (bar. 513 millim. 8). Une profonde échancrure marque ce passage entre la Pointe du Gelas de Lourousa et l'extrémité Nord de l'arête de la cime que nous venions de quitter. Nous aurions hésité à nous lancer dans cette descente, apparemment laborieuse, si nous n'avions su qu'un tel parcours avait été déjà en partie effectué à la montée par les frères Günther. Nous supposions donc que cet itinéraire n'offrirait pas d'insurmontables difficultés.

Dès l'origine du couloir, les roches étaient très inclinées et il nous semblait que sur une pente aussi vertigineuse nous devions, tôt ou tard, nous trouver dans l'impossibilité de continuer. De fait, le couloir était de temps à autre coupé de sauts et de petites barres. Mais il y eut toujours moyen de nous glisser heureusement à travers cette sente raide. Plusieurs fois il nous parut que le vide allait se présenter sous nos pieds. Le génépi des Alpes, croissant partout dans les anfractuosités, j'eus l'occasion d'en faire une ample cueillette.

Vers 3 h. 45 min., à l'endroit où les Günther avaient pénétré dans le couloir en venant du grand névé sous la Cime Nord, nous commencions à apercevoir tout en bas la sortie du couloir, mais il nous restait à la rejoindre : par des gradins successifs et des escarpements rocheux il nous fallut descendre très prudemment dans la partie inférieure. Nous ne tardions pas à nous en approcher : là-même se trouvait une sorte d'étranglement dont les parois étaient formées de roches polies. Ce passage, long de 6 à 8 mètres, fut assez délicat à traverser.

Mes guides et moi avons rapporté de cet endroit l'impression qu'il vaut mieux le monter que le descendre. Nous nous laissâmes traîner sur la roche, et, à 4 h. 30 min. (bar. 536 millim. 2), nous avions terminé la traversée proprement dite du couloir, qui avait exigé deux heures et dix minutes de constante attention.

Le couloir dont nous venions d'effectuer le *premier parcours en descente* sépare nettement les contreforts de la Pointe du Gelas de Lourousa et de la Cime Nord de l'Argentera : sa hauteur peut être évaluée à 350 mètres. J'imagine qu'à certaines époques, notamment au printemps, la prudence exigera de ne pas s'y aventurer, car il est fortement balayé par les chutes de pierres. Ses roches lisses indiquent le glissement fréquent des avalanches.

En quittant le couloir, nous prenions, à sa base, deux longues pentes de neige qui nous conduisaient sur des champs d'éboulis, d'où nous nous empressions de sortir. Nous nous reposâmes un quart d'heure auprès d'une abondante fontaine dont les eaux limpides s'écoulaient dans une somptueuse prairie.

Encore un coup d'œil sur les deux lignes que nous venions de tracer sur la paroi de l'Argentera et en route pour la vallée. Nous dévalions à grands pas vers le Gias de l'Argentera. Le brouillard encombrait la Vallette : nous pénétrions dans la brume qui, très heureusement, ne nous avait pas inquiétés sur les hauteurs. A 7 heures précises nous arrivions aux Thermes (bar. 641 millim. 8), tout à fait contents du résultat inespéré de cette journée.

Cette *première ascension de la Cime Nord de l'Argentera par la paroi Ouest* s'était, en effet, accomplie dans des conditions particulièrement favorables et intéressantes, avec deux parcours différents sur le même versant. J'avais eu ainsi la bonne fortune de réussir ce sommet escarpé par une voie nouvelle, comportant une escalade des plus ardues, et il m'avait été en même temps donné de reconnaître en entier à la descente le couloir dont les Günther avaient déjà exploré la partie supérieure.

HEURES DE MARCHE (sans haltes)

Des Thermes de Valdieri à la sortie du couloir inférieur de la Brèche de l'Argentera......................	3 h. 40 min.	
Traversée de ce couloir jusqu'à la base de la paroi surplombante de la Cime Nord de l'Argentera.....	1 h. 55 min.	7 h. 35 min.
Du pied de cette paroi à la Cime Nord de l'Argentera.............	2 h.	
Du sommet au Collet Günther.....	20 min.	
Du collet à la sortie du couloir....	2 h. 10 min.	4 h. 45 min.
De la sortie du couloir aux Thermes de Valdieri...................	2 h. 15 min.	
Total...........	12 h. 20 min.	

BRÈCHE DE L'ARGENTERA (3 240 mèt. environ)

Lors de mon ascension à la Cime Nord de l'Argentera, dont je viens de relater les détails, j'avais eu un instant l'idée, en arrivant auprès du névé central, de prendre la direction du couloir supérieur de la Brèche ; sa belle raie blanche désignait une voie d'escalade probablement curieuse en ce qu'elle devait donner accès à un point marquant de la grande arête, entre les deux cimes de l'Argentera. Mais l'entassement des neiges dans un endroit aussi vertigineux me fit craindre qu'il n'y eût vraiment un obstacle et un danger sérieux à se porter de ce côté.

Je me laissai donc, ce jour-là, entraîner vers la paroi de la Cime Nord et je n'eus pas à me repentir de cette prudente décision. Je nourrissais cependant l'espoir de revenir, dans l'arrière-saison, examiner sur place si le couloir supérieur ne serait pas raisonnablement abordable lorsque les rochers seraient moins obstrués de neige.

Tel fut le projet que j'essayai d'exécuter le 18 septembre suivant.

Je m'étais rendu la veille aux Thermes de Valdieri, que je trouvais fermés, car les baigneurs quittent cette importante station balnéaire dès les premiers jours de septembre. Je pus néanmoins me loger et m'approvisionner, grâce à la complaisance du gardien de l'Etablissement. La vallée était en plein mouvement par suite de la présence du roi Victor-Emmanuel III, récemment arrivé à la maison de chasse de Sainte-Anne.

Des battues aux chamois avaient lieu dans cette région particulièrement giboyeuse. L'on sait que les massifs dominant les Thermes sont peuplés sinon encombrés de chamois et il est facile de s'en rendre compte en parcourant les pentes du Matto, de l'Argentera et surtout de la Rocca San Giovanni et de l'Asta. Ces gracieux animaux, que l'alpiniste rencontre avec tant de plaisir devant lui, vivent également très nombreux dans la vallée de la Ruine, dans le groupe des Gelas-Clapier et dans la vallée de la Gordolasque. Il m'est souvent arrivé, ces années passées, d'en compter des troupeaux de trente à quarante et quelquefois davantage.

Il faut souhaiter, pour la conservation de cette espèce, que le roi d'Italie n'abandonne pas les traditions de son aïeul et de son père, car dès le jour où cette chasse tomberait dans le domaine public, l'on pourrait presque prévoir l'époque où le chamois deviendrait, dans les Alpes Maritimes, aussi rare qu'ailleurs : les braconniers qui, sur les deux versants, s'acharnent à sa destruction dans un but vulgaire d'intérêt, ne tarderaient pas à en faire considérablement diminuer la race.

Le jour de mon arrivée aux Thermes, le roi avait chassé au poste du Valasco. Tous les hommes valides de la vallée étaient embrigadés : en raison de cette circonstance, je me trouvais privé des excellents services d'André Ghigo. Etant connu dans la région, j'aurais probablement pu obtenir d'assister, à distance, au spectacle peu commun d'une battue royale. Mais le temps était véritablement trop engageant pour que je demeure oisif une grande journée.

Je renonçais à voir les chamois traqués par une armée de rabatteurs et, seul avec Jean Plent, je quittais les Thermes à 3 h. 15 min. du matin pour m'acheminer vers la Brèche de l'Argentera.

Nous suivions un trajet identique à celui du 4 août dernier par le vallon de l'Argentera et nous déjeunions, à 6 h. 40 min., à la même fontaine. Nous repartions à 7 h. 25 min. et en dix minutes nous dépassions une pente glacée pour attaquer le couloir inférieur de la Brèche. La neige avait presque entièrement disparu sur son milieu : à la place de la bosse neigeuse nous trouvions un saut de rochers qu'il nous fut impossible de franchir. Nous dûmes nous agripper à la paroi de droite, c'est-à-dire à notre gauche, mais étant absolument polie, elle nous offrit un passage tout à fait incommode, que je surmontai à l'aide de la corde. Nous étions ensuite obligés de revenir dans le couloir parsemé de bancs de roches toujours lisses.

Bientôt nous retrouvions le couloir encombré d'une seule plaque neigeuse, qui ne devait pas disparaître cette année à cause de sa grande épaisseur. Comme elle formait voûte, nous pénétrions sous ce tunnel de glace et reparaissions un peu plus haut par une ouverture sur un rebord rocheux de la rive droite du couloir, d'où nous sautions sur le névé. Grâce à quelques marches taillées sur cette rapide surface neigeuse, nous reprenions la paroi de rochers de la rive droite.

En cet endroit un nouveau passage scabreux nous fit peiner quelque peu pour gagner les rochers supérieurs. Nous remarquions avec raison que ce couloir serait impossible à traverser, si la présence de la neige ne venait le faciliter singulièrement, comme cela s'était produit le 4 août; il est certain qu'au commencement de la saison d'été le parcours en serait infiniment plus aisé.

A 8 h. 25 min. nous joignions la pente rocailleuse dont nous avions déjà fait précédemment la connaissance et sans difficulté aucune, nous arrivions à 8 h. 55 min. presque au sortir des eaux du névé central (sous la Cime Nord de l'Argentera). Cette immense plaque de neige se trouvait extrêmement réduite, depuis un mois et demi que nous l'avions visitée ; les roches granitiques environnantes étaient à nu et portaient d'une certaine manière l'empreinte de la glace qui les recouvre pendant onze mois de l'année.

Une halte était ici tout indiquée pour nous restaurer et aussi pour étudier les conditions de notre prochaine escalade. Nous espérions l'entreprise réalisable, bien que la pente du couloir de la Brèche se redressât terriblement vers le haut.

A 9 h. 15 min., nous commencions, vers 2 910 mètres, la partie vraiment dure de l'ascension. Un banc de rochers, servant en quelque sorte de trait d'union entre les couloirs supérieur et inférieur, divise le névé en son milieu ; c'est par ce passage relativement facile que nous nous élevions avec précautions en évitant le névé lui-même converti en glace vive. Nous n'avions qu'à tailler quelques pas sur une bande de dix mètres pour arriver en dix minutes exactement à la sortie du couloir, sur les rochers de la rive gauche.

Un coup d'œil jeté à la hâte sur la voisine paroi de la Cime Nord, sur le Corno Stella et au loin sur le Mont Matto et le Mont Viso, pointant merveilleusement dans l'azur du ciel, nous distrayait un instant.

Nous allions entreprendre le morceau délicat : les rochers étaient partiellement dégarnis de neige, mais le verglas les recouvrait par endroits. Les pierres ne tenaient pas d'une façon sûre. Nous étions décidément engagés dans une traversée, sinon difficile, du moins très dangereuse. Il nous fallait rigoureusement surveiller tous nos mouvements, car la moindre imprudence aurait été fatale.

Tandis que je me tenais sérieusement accroché, Jean s'avançait avec toutes les précautions voulues en un aussi méchant endroit. Dès qu'il atteignait un lieu sûr, je marchais sur ses traces. L'un garantissait l'autre et réciproquement avec la corde. Et la manœuvre se renouvela de la sorte à maintes reprises et tant qu'il nous fût possible de continuer cette route particulièrement émouvante.

A nos côtés se déroulait la coulée de glace avec un formidable élan ; un bloc parti sous mes pieds nous montra à un certain moment ce que vaudrait une chute à cette place. Les conditions de cette escalade, au cours de laquelle les minutes étaient des heures, démontrent avec quelle lenteur et quelle circonspection nous devions procéder pour nous prémunir contre tout accident fâcheux.

Ce n'est qu'à 10 h. 55 min. que nous venions à bout de ce

pénible trajet sur le bord gauche. Le couloir se rétrécissant de plus en plus, il n'y avait plus moyen de poursuivre sur ce côté.

Là même où se dessine un coude (bar. 524 millim.), à environ 3 090 mètres, nous étions obligés de traverser horizontalement le couloir et pour tailler une dizaine de marches dans la glace vive, Jean eut à déployer toute sa force et son habileté. Nous passions ainsi des rochers de la Cime Sud sur ceux de la Cime Nord de l'Argentera.

L'ascension prenait alors une nouvelle allure : nous touchions le roc pur. Ce parcours n'était guère plus accommodant, car il fallait grimper sur des dalles lisses rougeâtres, fameusement inclinées, puis s'attaquer à des barres où les aspérités faisaient totalement défaut. Sur quelques points, sans saillies nettes, nous avions de la peine à nous accrocher.

Mais enfin voici paraître au-dessus de nous l'échancrure convoitée ; encore une petite traversée moins difficile que les précédentes, et nous joignions à 11 h. 50 min. la **Brèche de l'Argentera** (bar. 514 millim. 5). J'évalue son altitude à environ 3 240 mètres.

Ce passage qui est le point le plus bas de l'arête reliant la Cime Sud à la Cime Nord de l'Argentera et en même temps le collet le plus haut des Alpes Maritimes, met en communication le versant de la Ruine avec la paroi que nous venions d'escalader.

La mince arête entre les deux cimes s'interrompt à la Brèche par une coche ouverte d'à peine un mètre : un bloc énorme, adossé entre la paroi de la Cime Sud, repose au passage même en attendant la culbute dans l'abîme. De cette échancrure on voit parfaitement par le côté Est les escarpements de la grande cime de l'Argentera.

De celle-ci nous étions véritablement trop rapprochés pour que nous ne complétions pas notre heureuse ascension par une visite au point culminant des Alpes Maritimes. A midi nous prenions la route connue de la Cime Nord à la Cime

Sud de l'Argentera. Au lieu de monter, au bout de quelques mètres, sur l'arête en passant sur le versant Ouest ainsi que je l'avais fait le 16 juillet 1898 (1) et en sens inverse le 26 juillet suivant (2), nous longions sur la muraille Est une série de corniches par lesquelles nous étions conduits en douze minutes à la **Cime Sud de l'Argentera** (3 290 mèt., P.) (bar. 512 millim.).

Par une journée réellement radieuse, nous eûmes l'avantage de jouir d'un panorama qui, pour nous être bien connu, ne nous parut pas moins fort intéressant à revoir. Nous pûmes surtout admirer les glaciers des Gelas, dont la surface scintillait sous les mille rayons du soleil. La boîte déposée dans la pyramide par la Section ligurienne du Club Alpin Italien contenait les cartes laissées en 1902 par dix caravanes : ce sera probablement l'année pendant laquelle on aura compté à l'Argentera le plus d'ascensions, dont une en hiver.

Une brise légère d'Ouest rafraîchissait agréablement la température, tandis que nous dévorions de grand appétit les provisions en réserve.

A 1 h. 25 min. nous quittions notre belvédère et revenions en dix minutes à peu de distance de la Brèche, où nous avions laissé la corde et l'un de nos sacs.

Nous descendions alors le rapide ravin qui sépare sur la paroi Est, au-dessous de la Brèche, les cimes Nord et Sud de l'Argentera : nous pratiquions ainsi en descente la route que mon camarade Maubert et moi avions suivie à la montée le 26 juillet 1898 (3). Dans ce parcours la roche était solide et nous nous sentions parfaitement en sûreté dans ces conditions.

A 2 h. 15 min. nous joignions la base de la muraille (bar. 524 millim.), à environ 3 090 mètres. Notre intention étant

(1) Voir mon article sur l'Argentera, p. 8.
(2) Voir le même, p. 14.
(3) Voir le même, p. 14.

de revenir aux Thermes par le Col du Chiapous, nous simplifiions la route en remontant le petit couloir flanqué au pied de la barre de la Cime Nord. En quinze minutes nous arrivions au haut du couloir (bar. 516 millim. 5), d'où par un autre couloir et une corniche nous pénétrions en un quart d'heure dans le cirque dominé par la Cime Nord, la Pointe du Gelas de Lourousa et le Mont Stella.

Le brouillard se levant tout à coup dans la vallée de la Ruine, nous traversions rapidement ce chaos de blocs écroulés, au milieu desquels persistaient encore de vastes névés. Nous abandonnions ces hauteurs en descendant les escarpements qui se trouvent à l'extrémité de l'arête Est du Mont Stella et en une heure exactement nous touchions au Col du Chiapous (2 536 mèt., P.) (bar. 559 millim. 8), d'où en deux nouvelles heures nous étions rendus aux Thermes.

Cette *première traversée de la Brèche de l'Argentera* du versant Ouest sur le versant Est, accomplie à une époque aussi avancée de l'année, restera dans ma mémoire comme très scabreuse. Bien que la chance m'ait favorisé, je puis sans exagération aucune considérer cette ascension comme la plus difficile et la plus risquée de toutes celles entreprises dans le massif de l'Argentera, surtout à cause de la vertigineuse traversée des 330 derniers mètres du couloir supérieur qui exigèrent plus de deux heures et demie de temps.

Je ne sais si au commencement de la saison d'été les perfides rochers de la rive gauche, étant tapissés de neige, seraient d'un accès plus facile. Peut-être pourrait-on essayer, à la faveur d'une bonne neige, de s'engager dans le creux du couloir; mais je crois que cette tentative ne laisserait pas que d'être fort dangereuse, à cause de l'inclinaison de la pente qui est certainement de beaucoup supérieure à celle du couloir de Lourousa dans sa partie haute.

Quant au couloir inférieur je suis certain qu'il se présenterait au printemps dans de meilleures conditions : le 4 août, je le parcourus sur une neige excellente quoique très rapide, et l'ascension fût plutôt aisée, au lieu que le 18 septembre je me buttais à de sérieuses difficultés de rochers dans l'escalade des parois du couloir, précisément en raison de l'absence de la neige.

J'ajoute, à titre de renseignement, qu'il y a lieu de se méfier des avalanches de pierres, auxquelles les deux couloirs sont sérieusement exposés.

En résumé, j'ai réussi très heureusement en septembre, contrairement à l'opinion de mes guides qui l'année précédente jugeaient préférable de s'y prendre à une époque moins tardive.

HEURES DE MARCHE (sans haltes)

Des Thermes de Valdieri à la sortie du couloir inférieur de la Brèche de l'Argentera..................	3 h. 10 min.	
Traversée du couloir jusqu'à la base du couloir supérieur............	1 h. 20 min.	7 h. 5 min.
De la base de ce couloir à la Brèche de l'Argentera...............	2 h. 35 min.	
De la Brèche à la Cime Sud de l'Argentera et retour auprès de la Brèche...............................		22 min.
De la Brèche au pied de la paroi Est	40 min.	
Du pied de la paroi Est, par le couloir sous la Cime Nord, dans la combe de l'Argentera et au Col du Chiapous.................	1 h. 30 min.	4 h. 10 min.
Du Col du Chiapous aux Thermes.	2 h.	
	Total.....	11 h. 37 min.

POINTE DU GELAS DE LOUROUSA (3 261 mèt., P.)

Malgré la difficultueuse et forte journée de marche que je venais d'effectuer, je ne me sentais guère éprouvé par la fatigue, pas plus que mon excellent guide, dont je pouvais à mon gré mettre l'endurance à l'épreuve. « Où irons-nous demain ? » me demandait Jean au sommet de l'Argentera, tandis que nous inspections du regard les massifs environnants.

J'optais pour la Pointe du Gelas de Lourousa, le seul grand sommet du massif, que je n'avais jamais eu l'occasion de visiter. Cette cime s'élève discrètement entre le Mont Stella et la Cime Nord de l'Argentera ou, pour préciser davantage, entre les collets Coolidge et Günther. En parcourant le 4 août dernier le couloir au-dessous du Collet Günther, il m'avait paru, d'après un examen sommaire, qu'il n'y aurait pas impossibilité à s'aventurer sur la paroi Ouest : ce trajet m'offrirait l'avantage de frayer une voie nouvelle très intéressante sur le versant du vallon de l'Argentera.

C'est dans cette intention que le 19 septembre je partais des Thermes avec Jean Plent à 3 h. 15 min. du matin. Le temps n'était malheureusement pas engageant à cette heure : un brouillard dense encombrait la vallée. Un bon vent du Nord-Ouest dégageait pourtant de temps à autre les sommets et à mesure que nous montions dans le vallon de l'Argentera, nous nous apercevions à notre grande satisfaction qu'au-dessus de 2 600 mètres tout était merveilleusement clair. Même chemin que la veille jusqu'à la délicieuse fontaine où nous déjeunions à 6 h. 45 min., après avoir effectué en cours de route diverses haltes de vingt-cinq minutes au total.

A 7 h. 25 min. nous attaquions le grand névé qui provient du couloir Günther ; la neige y était excessivement dure. Pour traverser une courte distance à forte pente, il fallut tailler. Ayant dépassé une petite arête rocheuse, nous arrivions à 8 h. 15 min. à la sortie du couloir, à environ 2 800 mètres d'altitude (bar. 541 millim.)

La neige avait évidemment bien diminué depuis le 4 août, et les premiers rochers devenaient par ce fait assez difficiles à atteindre. En nous portant dès l'origine un peu à droite, nous rencontrions un saut de rochers qui nous obligea à user de la corde, au lieu que tout à fait à gauche le passage eût été moins raide. En cet endroit les roches granitiques sont grises et lisses : on dirait du calcaire. En arrivant plus haut il y eut encore deux ou trois pas ou sauts, qui, comme nous l'avions déjà observé, sont plus malaisés à descendre qu'à remonter. Au delà l'ascension se présenta avantageusement.

Pour éviter le danger de la chute des pierres, nous nous tenions constamment en dehors du couloir sur sa rive droite, c'est-à-dire que nous grimpions exactement sur les roches mêmes de notre cime d'ascension de la base au sommet.

Longtemps nous côtoyions ainsi le thalweg, dont nous revoyions les roches blanches ravinées, sur lesquelles nous étions auparavant descendus. Vers la moitié de la hauteur de la paroi, à cause même de son escarpement, nous avions failli trop incliner à notre gauche en nous dirigeant vers le couloir qui un peu plus au Nord sillonne le versant. Nous dûmes nous rapprocher sensiblement du couloir Günther.

Nous faisions une halte à 9 h. 15 min. (bar. 524 millim.2), au commencement de la grande plaque rocheuse, qui, vue à distance, paraît s'élancer d'un seul jet jusqu'au sommet de la Pointe du Gelas de Lourousa. La Cime Nord de l'Argentera projetait non loin de là sa muraille en surplomb.

En repartant à 9 h. 55 min., nous nous éloignions du couloir et attaquions la paroi par une cheminée assez élevée. Ce passage forme un bel escarpement d'une cinquantaine de mètres de hauteur, que je n'ose vraiment qualifier de mauvais pas, bien qu'il ait fallu parfois déployer de sérieux efforts. Mais la roche de cet à-pic est tellement sûre, qu'elle se laissa vaincre sans trop de résistance.

Au-dessus de cette cheminée les rochers étaient souvent fragmentés en gradins : nous passions des uns aux autres avec l'assurance que donne un terrain solide ; puis nous traversions une facile arête.

Jusqu'en cet endroit l'ombre de la montagne nous avait abrités : à un quart d'heure de la cime nous saluions le soleil. La pente se trouvait alors parsemée de pierrailles : un amas de blocs en recouvrait les abords. Nous parcourions sans peine cette dernière partie en tournant légèrement au Nord-Ouest et nous voilà à 10 h. 45 min. sur le cône terminal de la **Pointe du Gelas de Lourousa** (3 361 mèt., P.) (bar. 512 millim. 2).

Une vue merveilleusement belle sur un océan de brouillards, laissant émerger les montagnes au-dessus de 2 700 mètres, nous attendait à la cime. Le massif du Dauphiné, le Viso, le Mont Blanc, le Grand Paradis, le Mont Rose et l'innombrable légion des hauts pics, déjà touchés par la neige nouvelle, brillaient du plus vif éclat. Une douce température nous incitait un instant au repos.

La pyramide du sommet était presque démolie ; nous la reconstruisions. La Pointe du Gelas de Lourousa pour la première fois gravie le 18 août 1879, par le Rév. W. A. Coolidge, au retour de sa mémorable ascension aux cimes de l'Argentera, a été rarement visitée ; le Mont Stella, son voisin, que j'escaladais par la paroi Nord-Est, le 26 août dernier, a reçu plus souvent l'hommage des ascensionnistes. Notre montagne subit évidemment le sort de tant d'autres sommets, qui se trouvent rélégués dans un oubli immérité, à cause du voisinage triomphant de la cime dominante. Et ici, c'est l'Argentera, que sa place prépondérante impose à l'attention de l'alpiniste.

On avait négligé jusqu'en ces derniers temps d'attribuer à la Pointe du Gelas de Lourousa, une dénomination spéciale, ou plutôt, on se servit successivement dans la littérature alpine et sur diverses cartes des noms de Gelas de Lourousa, de Corno Stella, de Mont Stella Sud, de Pointe du Gelas appliqués à cette cime. J'ai cru devoir, dans deux articles spéciaux (1), soulever cette question de nomenclature. Dorénavant cette cime sera connue sous le nom de Pointe du Gelas de Lourousa.

La situation qu'elle occupe à l'extrémité Nord de l'arête de l'Argentera est plus intéressante que celle du Mont Stella, dont elle est séparée par l'échancrure du Collet Coolidge. Son arête Nord-Ouest se rattache au Corno Stella, puis à la la Cime 2 616, par la Pointe Plent (2 747 mèt., P.), d'où se ramifie vers les Thermes le petit chaînon de La Stella (2 567 mèt., P.) (2). La Pointe du Gelas de Lourousa forme donc une sorte de nœud où viennent se souder les trois arêtes de l'Argentera, du Mont Stella et du Corno Stella.

Notre séjour au sommet ne fut pas de longue durée ; à 11 h. 10 min., nous descendions en un quart d'heure, suivant la voie usuelle, au *Collet Coolidge* (3 220 mèt. environ) (bar. 515 millim.), par deux petits couloirs inclinés, puis par un saut faisant face au Sud-Est, tout à côté du collet. Bien que la couche neigeuse obstruant le couloir de Lourousa fut à cette époque dans sa plus grande période de décroissance, son épaisseur atteignait encore trois mètres au collet même.

J'eus la curiosité de revoir de ce point escarpé, le précipitueux couloir, qui me rappelait une captivante ascension. Presque adossés à cette muraille glacée qui nous abritait contre le vent du Nord, nous déjeunions du meilleur appétit

(1) Voir mon article sur l'Argentera, p. 7, et la note que j'ai publiée dans la *Rivista mensile del Club Alpino Italiano*, vol. XXII, nº 4, avril 1903, p. 121.

(2) Cette cime de la Stella, connue aux Thermes de Valdieri sous le simple nom de *La Stella*, ainsi que l'indique la carte Paganini, est signalée par la carte de l'Istituto Geografico Militare sous la dénomination de Punta Stella avec la cote 2 612.

en portant tour à tour notre regard émerveillé sur la Cime Nord de l'Argentera et sur le groupe des Gelas-Clapier, dont les glaciers étalaient sous l'action des rayons solaires de fulgurantes blancheurs.

Les moments se passaient ainsi dans une contemplation béate, à laquelle nous mettions fin à 1 h. (bar. 514 millim. 1), non pas pour prendre le chemin de la descente, mais pour remonter ! Histoire d'aller prendre connaissance à la Cime Nord de l'Argentera des noms des visiteurs de cet été. Le trajet était si aisé et si court qu'il ne valait pas la peine assurément de se priver de cette fantaisie.

En sept minutes, nous joignions le *Collet Günther* (3 190 mèt. environ) (bar. 516 millim.), puis, par la voie habituelle du versant Est, nous touchions à 1 h. 20 min., pour la seconde fois de cette année, la **Cime Nord** (3 288 mèt., P.) (bar. 510 millim. 2). D'après les cartes trouvées dans la boîte du cairn, il résulte que cinq caravanes, non compris les miennes, sont parvenues au sommet.

La Cime Sud, bien que moins facile, a donc été plus souvent visitée, tant il est vrai que les points dominants finissent par offrir un attrait plus considérable.

Notre journée se trouvait ainsi terminée fort avantageusement. Je dis terminée, car nous n'avions plus qu'à rentrer aux Thermes par la grande route qui est celle du Col du Chiapous. Déjà dans la combe de l'Argentera le vilain et maussade brouillard s'apprêtait à monter à l'assaut des hauteurs et il me tardait de me soustraire à la fâcheuse influence de sa pénétrante humidité.

La brume opaque succédant à la lumière éclatante d'en haut, m'enleva l'envie de ralentir la marche, tout au contraire. En trois heures vingt minutes je retournais aux Thermes entièrement satisfait de cette nouvelle journée d'explorations. J'avais eu évidemment grande chance de réussir de la sorte tant du côté du temps qu'au point de vue des conditions de l'escalade.

J'ajoute que cette *première ascension de la Pointe du Gelas de Lourousa par la paroi Ouest,* ne peut être comparée pour les difficultés à celles de la Brèche et de la Cime Nord de l'Argentera. L'ascension de la paroi, haute d'environ 450 mètres de la base au sommet, s'accomplit en deux heures dix minutes et ne présenta réellement aucun obstacle qui mérite une note spéciale.

HEURES DE MARCHE (sans haltes)

Des Thermes de Valdieri à la base de la paroi Ouest (sortie du couloir du Collet Günther).......... 3 h. 55 min.	} 6 h. 05 min.	
De la base de la paroi au sommet de la Pointe du Gelas de Lourousa.. 2 h. 10 min.		
De ce sommet à la Cime Nord de l'Argentera par les collets Coolidge et Günther.................	35 min.	
De la Cime Nord aux Thermes par le Col du Chiapous......	3 h. 20 min.	
Total... .... 10 h.		

*
* *

Le compte rendu de ces nouvelles ascensions par la paroi occidentale de l'Argentera devait seul rentrer dans le cadre de cette relation ; je crois utile de compléter ce rapport par le récit de deux reconnaissances sur divers sommets du chaînon du Corno Stella. Ce faisant, je ne sortirai guère de mon sujet pour la raison que les cimes en question fournissent des points de vue rapprochés, tout à fait intéressants, sur la fameuse muraille Ouest de l'Argentera.

Le lendemain de mon ascension à la Pointe du Gelas de Lourousa aurait dû être consacré à un repos certes bien gagné. Mais comment se défendre contre l'irrésistible désir de continuer la série de ces charmantes excursions ? La chance me favorisait et j'aurais eu mauvaise grâce à ne pas en profiter.

Autant que mon guide, toujours en train pour endosser le sac, j'aurais regretté de laisser s'écouler une belle journée sans en tirer utilité. Les courses précédentes me suggérèrent l'idée d'aller chercher un point favorable d'observation sur l'entier versant occidental de l'Argentera et de revoir ainsi de très près les différentes voies dont je viens de décrire les détails.

Le 20 septembre, le brouillard s'était évanoui comme par enchantement : les premiers rayons du soleil empourpraient les rochers du Matto d'une couleur rouge. Ce fut une journée véritablement radieuse.

De grand matin je remontais, une fois de plus, avec Jean Plent, le vallon de l'Argentera pour gagner, dès le dernier lacet du sentier de chasse, au-dessus du Gias de l'Argentera, les pentes herbeuses de la Cime 2 616 mèt., P. La montée nous parut interminable : ainsi que cela se produit parfois, l'arête extrême de la montagne semblait toujours s'éloigner à mesure que nous nous en approchions. Le versant, orienté en plein Sud, se trouvait exposé aux ardeurs d'un soleil d'été : nous en ressentions du reste très vivement les effets. Cela nous changea un peu d'avec les escalades accomplies à l'ombre de l'Argentera.

Etant partis des Thermes à 5 h. 15 min. du matin, nous arrivions sans trop nous presser (trente minutes de haltes en route) à 8 h. 50 min. sur un contrefort de la Cime 2 616 mètres, que nous avions tout d'abord cru être la cime elle-même (bar. 562 millim. 8). Nous y déjeunions et, à 9 h. 55 min., nous gagnions par une facile escalade rocheuse de dix minutes la **Cime 2 616 mèt.** (bar. 560 millim.). Le versant Ouest par lequel nous y étions conduits est en roches lisses, entourées d'herbes menues ; le côté Nord est absolument à pic. Bien que cet intéressant sommet soit indiqué par la carte Paganini comme point trigonométrique, il ne porte pas de signal.

Nous ne nous arrêtions que dix minutes, voulant encore poursuivre la reconnaissance de l'arête qui se développe vers le Corno Stella. En quinze minutes nous traversions une dépression, à partir de laquelle nous nous portions sur la cime suivante, assez redressée et presque rébarbative. Ce point n'est pas signalé sur la carte.

Le baromètre marquait 556 millim. 2 ; nous avions donc dépassé l'altitude de 2 710 mètres (?). Le belvédère était de toute beauté, quoique relativement peu élevé à côté des cimes de l'Argentera qui nous écrasaient de leurs hauteurs.

L'exploration se terminait forcément au sommet où nous étions, car, au delà, l'arête se montrait infranchissable, avec sa dentelure de roches brisées et disloquées.

Celles-ci ne tenaient en équilibre que par miracle, prêtes à se précipiter au moindre choc sur les à-pics des versants Nord et Sud.

Sur la continuité de l'arête s'élançait fine et aiguë l'étrange Pointe Plent (2 747 mèt., P.), présentant des parois absolument verticales, autant que l'étaient les voisins et terribles escarpements du Corno Stella. La Pointe Plent, dont la silhouette pointue se profilait superbement sur le ciel bleu, formait réellement le clou du panorama de notre station.

Que représente cet étonnant piton ? Serait-il possible d'y accéder ? Ainsi que nous en acquérions l'assurance, il ne faudrait sûrement pas songer à s'engager dans un pareil casse-cou par les versants Sud, Ouest et Nord, qui se défendent eux-mêmes contre toute tentative. Dans tous les cas, il serait gravement imprudent d'essayer de suivre l'arête désagrégée qui nous en sépare. Contentons-nous pour aujourd'hui d'admirer la fière prestance de ce roc, qui offre un merveilleux premier plan au massif de l'Asta pointant vers le fond de ce suggestif aperçu de montagnes.

Au cours de la longue halte faite sur la Cime 2 710 mèt. (?), mon attention avait été surtout absorbée par la paroi Ouest de l'Argentera, sur laquelle je me plaisais à suivre des yeux les différentes voies d'ascension nouvellement ouvertes : le vertigineux couloir de la Brèche avec sa rigole de glace, la paroi surplombante de la Cime Nord rayée du filon de quartz, le couloir escarpé Günther et la muraille abrupte de la Pointe du Gelas de Lourousa m'apparaissaient dans leur grandiose réalité. Seule la paroi de la Cime Sud échappait presque au regard, parce qu'elle se développe trop obliquement par rapport à notre point d'observation.

Je m'extasiais à considérer le Mont Rose, le Cervin, le Grand Paradis et le Viso, qui se manifestaient vers le Nord avec une netteté parfaite dans une véritable auréole de lumière. Le restant du panorama lointain était masqué au Nord-Ouest par le Mont Matto, la Rocca Valmiana, la Cime Val Rossa, le Malinvern et le Claus, à la suite desquels se montraient à l'Est et au Sud le Giegn, Fremamorta, Las Lausas, le Pépoiri, Roghé, Naucetas et la Leccia.

Je remarquais que la cime cotée 2 616 mètres par la carte Paganini était plus élevée d'environ cinquante mètres que La Stella cotée 2 612 mètres par la carte de l'Istituto Geografico Militare. Il y avait donc pour moi une raison évidente à l'œil, de considérer comme exacte la cote 2 567 mètres assignée à cette seconde cime par la carte Paganini.

Le résultat de mon excursion correspondit de toute façon à mon attente et à 12 h. 25 min. je descendis par la même route dans le vallon de l'Argentera et vins faire à 1 h. 40 min., près du Gias homonyme, un arrêt d'une heure consacré au second repas. En une heure je revenais aux Thermes, alors que vers le soir les brouillards enveloppaient de nouveau la vallée.

POINTE PLENT (2 747 mèt., P.). *Première ascension.*

Cette cime avait exercé sur moi une véritable attraction. Dès le jour suivant, j'eus hâte d'aller lier connaissance avec elle. L'ayant de la Cime 2 710 mèt. (?) jugée inaccessible par les parois Ouest, Sud et Nord, il me fallait l'attaquer par le côté Est. Mon porteur habituel, André Ghigo, rendu libre par la cessation des battues aux chamois, se joignit à Jean Plent pour m'accompagner dans cette intéressante entreprise.

Quittant les Thermes le 21 septembre à 5 h. du matin, nous prenions les lacets du vallon de Lourousa et à partir du Gias Lagarot nous bifurquions à droite sur le sentier de chasse qui zigzague sur la grande pente d'éboulis au pied du Gelas de Lourousa. Tout en haut, presque de niveau avec la moraine du petit glacier, nous pénétrions de nouveau à notre droite dans un couloir herbeux ouvert sur le versant Nord de La Stella, exactement en face du couloir de Lourousa.

En terminant cette traversée à 8 h. 10 min., nous nous trouvions, à dix mètres près, aussi élevés que la base de la coulée glaciaire. Nous nous reposions un instant à l'ombre d'un cembro ou arole, dont les racines tortueuses enlaçaient étroitement la roche. La plupart des rochers sont du reste ainsi garnis de cembros et de mélèzes séculaires : mais beaucoup de ces arbres, réduits à l'état de squelettes, exhibent des troncs et des branches d'une blancheur éclatante. L'on peut entrevoir l'époque où ces deux végétaux auront fini de vivre sur ces versants escarpés.

J'ai remarqué en outre que les mélèzes persistaient jusqu'à une dizaine de mètres sous la cime de La Stella, c'est-à-dire à environ 2 550 mètres. Le docteur Mader observe à ce propos que ces arbres sont ceux vivant le plus haut dans toute l'Europe (1).

(1) Voir : *Cenni sulla flora del gruppo dell'Argentera,* par le docteur Mader, dans la *Guida alla Serra dell'Argentera,* de F. Mondini, p. 117.

En gravissant les pentes herbeuses supérieures, couvertes de rhododendrons et de genévriers, nous parvenions enfin par une arête au Sud de La Stella, à une quarantaine de mètres sous le sommet. La baisse que nous venions de joindre (bar. 567 millim.) s'ouvre entre cette cime et la Pointe Plent, à environ 2 530 mètres d'altitude, au haut du vallon du Souffi.

De ce point nous jugions admirablement de la brusque déclivité du couloir de Lourousa, tout crevassé horizontalement : la rimaye était ce jour-là très largement ouverte, mais il semblait qu'à droite, contre la paroi du Corno Stella, elle devait être franchissable par un pont. Il est inutile de dire qu'en cette fin de saison l'escalade du couloir, converti en glace vive, serait des plus difficiles et des plus dangereuses.

Nous considérions aussi avec intérêt au delà du vallon de Lourousa les cimes du massif de l'Asta avec leurs roches grisâtres, striées de couloirs vertigineux. Mais ce qui allait surtout attirer notre attention, c'était l'arête se développant du Corno Stella jusqu'à la Cime 2 616 mètres, que nous avions visitée la veille. La Pointe Plent, qui nous attirait en ces lieux, occupe à peu près le centre du chaînon et s'élève non loin de la cote 2 820 de la carte de l'Istituto Geografico Militare. Tandis que nous l'apercevions hier érigée en mince aiguille, nous l'observions en ce moment de face, par son côté Nord, sous l'aspect d'une forteresse, presque rectangulaire, taillée au vif ; sa silhouette est véritablement impressionnante.

Tout en déjeunant, nous ne cessions de scruter du regard les violents à-pics qui flanquent la paroi septentrionale. Déjà le 30 juin 1901, pendant une station de près de trois heures au sommet de la voisine Stella, j'avais eu un instant l'idée d'aller explorer ces intéressantes roches, mais j'avoue que je n'y attachais pas alors l'importance qu'elles méritaient en réalité.

A 10 h. 10 min. nous nous engagions dans les rochers de

l'arête, sur le versant du vallon du Souffi, en nous dirigeant vers la Pointe Plent. Un couloir très rapide, marqué par un filet noirâtre, s'échappe vers le Nord-Ouest de la petite brèche ouverte à la base de l'arête orientale de la cime. Ce couloir qui, même à faible distance, semble peu commode, permet seul de s'élever jusqu'à la brèche en question. Nous ne tardions pas à nous rendre compte de son accessibilité, bien que par sa situation au pied de la paroi Nord de la cime, il soit terriblement exposé aux dégringolades de pierres.

L'escalade du couloir s'effectuait normalement sur d'excellentes roches, où se trouve tracé le passage des avalanches. En une heure nous parvenions à la brèche (2 710 mèt. environ) (bar. 554 millim. 2), véritable fenêtre pratiquée sur le vallon de l'Argentera. Les blocs de granit sont accumulés les uns sur les autres : pour nous y arrêter quelques minutes, nous nous assurions de leur stabilité, qui ne paraissait rien moins que sûre. Le départ d'un seul rocher nous aurait fatalement précipités dans le couloir ou bien sur le côté du vallon de l'Argentera.

Une quarantaine de mètres à peine nous séparaient encore du sommet désiré. De l'examen des parois, il résultait que deux voies s'ouvraient au-dessus de nous. La première, sur la face Nord du pic, fut aussitôt abandonnée ; les rochers y étaient complètement disloqués et comme penchés vers la chute prochaine. Il aurait suffi de s'y aventurer pour provoquer un sinistre départ. Nous dûmes donc choisir la seconde route, qui consistait à suivre de très près le tranchant de l'arête Est.

Sur la paroi Nord croissent de nombreuses rosaces de *Saxifraga florulenta*, des *Lycopodium Selago* L., quelques petits rhododendrons et même un frêle mélèze !

Nous attaquions sans crainte ce brutal escarpement, car nous avions toute confiance dans les excellentes aspérités qu'il nous offrait. Dans cette traversée d'un quart d'heure, un seul passage fut un peu délicat.

A 11 h. 30 min. nous touchions le sommet de la **Pointe Plent** (2 747 mèt., P.) (bar. 552 millim. 3). Son arête, orientée de l'Est à l'Ouest, est recouverte d'une accumulation de blocs granitiques, noircis de lichens. D'une longueur approximative de quarante mètres et d'une largeur moyenne de trois mètres, elle est bordée de toute part d'à-pics absolus; c'est dire que nous perchions sur un étroit piédestal des plus pittoresques.

Parmi les débris pierreux de cette cime, non encore foulée par le pied de l'homme, se trouvaient des brindilles mortes. Ces restes d'arbustes, qu'il est difficile de reconnaître — peut-être proviennent-ils de rhododendrons? — témoignent d'une ancienne végétation qui n'a pu persister en cet endroit. Je remarquais aussi plusieurs variétés de lichens, dont les exemplaires rapportés m'ont été déterminés par M. Orzesko :

Cladonia vermicularis Sw. Rare.
Gyrophora cylindrica Ach., de couleur grisâtre.
Lecidea geographica Schœr, à fonds noir avec tâches jaunes.
Parmelia omphalodes I.
Parmelia physodes Ach.

Nous marquions notre victoire par la construction d'une pyramide se dressant en face de celles édifiées l'an dernier sur les cimes de l'arête de la Madre di Dio.

La Pointe Plent est visible du Gias Lagarot et d'un certain point de la route du vallon de la Vallette, à la sortie du vallon du Souffi. En la baptisant du nom de *Plent*, j'ai voulu rappeler le guide Jean Plent, de Saint-Martin-Vésubie, qui me prêta un concours aussi utile qu'agréable dans toutes mes escalades autour des Thermes de Valdieri, comme dans tant d'autres excursions dans les Alpes Maritimes et Cottiennes. Cette dénomination conservera également le souvenir de Jean-Baptiste Plent, père de Jean, l'excellent guide, depuis longtemps connu par ses nombreuses ascensions dans le massif de l'Argentera et dans le district de Saint-Martin-Vésubie.

Cette magnifique escalade s'était accomplie par un temps merveilleusement beau et en vérité très rare dans ces conditions. Je ne m'étends pas sur la description du panorama qui est sensiblement le même que celui observé la veille des deux cimes avoisinantes. Qu'il me suffise d'indiquer toute la chaîne des Alpes depuis le Mont-Rose jusqu'au Grand Rubren et surtout la plaine du Piémont, visible avec une netteté parfaite, ainsi que les massifs occidentaux des Alpes Maritimes.

Mais je préfère porter un regard de curiosité sur l'arête qui se prolonge vers la Cime 2 710 mèt. (?) et je la vois à mes pieds affreusement bouleversée avec ses roches instables, suspendues sur l'abîme. Du côté du Corno Stella, elle se compose de dalles lisses, taillées au couteau : il y a là un grandiose redressement d'arêtes, dont les débris friables se précipitent journellement sur les vallons de l'Argentera et de Lourousa.

A côté de la paroi Ouest de l'Argentera, l'âpre bastion du Corno Stella se révèle singulièrement imposant : de la Pointe Plent on voit son arête descendant du sommet (3 053 mèt., P.), sensiblement du Sud-Est au Nord-Ouest, dans le sens du couloir de Lourousa, sur une pente fantastique, recouverte de gravier et de quelques brins d'herbe, que les chamois n'iront probablement jamais brouter. Son extrémité inférieure s'arrête à la cote 2 898 mèt., P.

Nous quittions la pointe à 12 h. 15 min. et par la même voie qu'à la montée nous descendions en vingt minutes à l'échancrure, d'où nous revenions à la baisse sous La Stella en trois quarts d'heure. Puis nous parcourions les pentes inclinées du vallon du Souffi et nous jetions encore un coup d'œil sur notre cime qui nous apparaissait comme une belle masse isolée entre deux brèches, d'où partent deux couloirs se prolongeant jusqu'à la base extrême de la paroi Nord.

Nous étions à deux heures au Gias del Souffi, où nous nous restaurions. A 5 heures nous reprenions la direction du vallon de la Vallette pour arriver à 4 h. 20 min. aux Thermes.

Cette série d'excursions dans les environs de l'Argentera se terminait le 22 septembre par une visite à la *Cime de Val Rossa* (2 897 mèt.), et le 23 septembre je rentrais à Saint-Martin-Vésubie par les cols du Druos, de Mercera et de Salèses, avec la satisfaction d'avoir pu atteindre les plus heureux résultats.

Avant de clore ces notes, qui sont le résultat des observations très fidèlement relevées en cours de route, je tiens à indiquer quel merveilleux centre d'excursions représentent les Thermes de Valdieri. Cette station alpine, placée au pied des massifs de l'Argentera, de l'Asta, du Matto, du Malinvern et du Mercantour, fournit le point de départ le plus rapproché pour escalader au choix un très grand nombre de remarquables sommets, parmi lesquels les plus élevés des Alpes Maritimes. Mais leurs ascensions sont plutôt pénibles, à cause de la hauteur et de la rapidité des versants qui, par ce fait, entraînent à la descente une certaine fatigue.

L'altitude des Thermes n'étant que de 1 346 mètres (1), le déplacement exigé par une escalade aux pointes de l'Argentera se chiffre approximativement par 1 900 mètres, comme au Matto par 1 700 mètres, à la Rocca de la Paur, à l'Asta, à l'Oriol, au Malinvern par 1 600 mètres en moyenne.

On sait que la différence de niveau entre Saint-Etienne-de-Tinée (1 141 mèt.) et les cimes du massif du Ténibres, hautes d'environ 3 000 mètres, atteint à peu près 1 900 mètres, et celle entre Isola (800 mèt. environ) et le Mont Monnier (2 818 mèt.), la Cime de Collalunga (2 760 mèt.), le Mont Autaret (2 762 mèt.), le Malinvern (2 939 mèt.), le Mont Saint-Sauveur (2 715 mèt.), varie de 1 900 à 2 100 mètres.

(1) Cette cote est indiquée, par la carte de l'Istituto Geografico Militare, au pont qui se trouve non loin des Thermes en arrivant de Sainte-Anne.

www.ingramcontent.com/pod-product-compliance
Ingram Content Group UK Ltd.
Pitfield, Milton Keynes, MK11 3LW, UK
UKHW021641090726
13657UKWH00004B/1694